ANIMALES CARROÑEROS
Los demonios de Tasmania

SANDRA MARKLE

EDICIONES LERNER / MINNEAPOLIS

EL MUNDO ANIMAL ESTÁ LLENO DE CARROÑEROS.

Los carroñeros son la patrulla de limpieza que busca y come carroña (animales muertos) para sobrevivir. Todos los días nacen y mueren animales. Sin los carroñeros, los cadáveres de animales se pudrirían lentamente. La carne en descomposición olería mal y ocuparía espacio. Además, podría contaminar el agua y atraer moscas y otros insectos transmisores de enfermedades. Afortunadamente, en todos lados los carroñeros comen animales moribundos o muertos antes de que tengan tiempo de pudrirse. En el pequeño archipiélago llamado Tasmania, que forma parte de Australia, uno de los animales carroñeros es el demonio de Tasmania. *De hecho, Tasmania es el único lugar del mundo donde viven estos peculiares animales.*

Es una tarde de marzo y en Tasmania es otoño. En esta época del año los días son cortos y la luz que se filtra a través del bosque de eucaliptos se desvanece rápidamente. Como si la creciente oscuridad fuera una señal, esta joven hembra demonio de Tasmania asoma su cabeza de la madriguera. Olfatea el aire y observa a su alrededor antes de aventurarse a salir por completo. Tiene el tamaño y la sólida musculatura de un bulldog inglés, cuerpo fuerte, patas macizas y cortas. La cola, gruesa y afinada hacia la punta, es casi tan larga como la mitad de su cuerpo.

Vuelve a echar un vistazo. Con sus grandes orejas erguidas alertas a los sonidos, el demonio hembra sale a buscar alimento. Los demonios de Tasmania tienen la grupa caída y las patas traseras son más cortas que las delanteras. Por lo tanto, el animal tiene una marcha ondulante, que puede mantener por largas distancias.

Después de un rato, se detiene para dejar una marca olfativa en el sendero antes de continuar el trote. Está en su territorio, un área que la joven hembra habita y conoce bien. No trata de mantener alejados a otros demonios de Tasmania, pero sí marca sus senderos. A veces, lo hace dejando su olor junto con sus desechos. Otras veces se agacha y arrastra la parte trasera de su cuerpo por el suelo. Tiene glándulas anales especiales que producen un líquido amarillento y aceitoso con un olor único.

Una vez que ha terminado se queda inmóvil y escucha. Al igual que todos los demonios de Tasmania, tiene un excelente sentido del oído. Puede detectar sonidos hasta media milla de distancia (casi un kilómetro). Sus orejas giran y la ayudan a concentrarse en los escalofriantes chillidos de otros demonios. Podrían ser demonios que compiten por alimento. Ansiosa por reclamar una parte, la joven hembra se aleja al trote, guiada por sus oídos que la orientan hacia el origen del sonido.

Al acercarse, la joven hembra también percibe el olor de otros demonios. Un gran macho ha estado allí, ha comido su parte de la carroña y se ha ido. Una hembra mayor y más grande se ha adueñado de las sobras. Al principio, mientras la hembra joven se acerca, la más vieja sigue comiendo. Con sus fuertes mandíbulas tritura un hueso.

Pero cuando la joven hembra agarra un trozo para sí, se transforma en su rival. Las dos hembras se enfrentan chillando; los agudos y escalofriantes sonidos suben y bajan como sirenas. La joven hembra agarra un bocado. La hembra mayor la ataca y le da un mordisco a la grupa de su rival. Entre gruñidos y chillidos, las dos hembras vuelven a enfrentarse. La más joven podría quedarse, y continuar peleando por la comida, pero opta por retirarse.

La hembra joven sólo se aleja hasta un tronco caído. Se trepa sobre él, vuelve a chillar y golpea con las patas. La mayor no parece preocupada, y regresa a su comida. Sigue comiendo hasta que la joven se acerca con sumo cuidado, en otro intento de conseguir un bocado. Entonces, la hembra mayor ataca y la aleja nuevamente. Esta vez la hembra joven desiste y continúa su búsqueda de alimento.

Ya es de noche cuando su olfato vuelve a indicarle el olor de carne en descomposición. Esta vez es un canguro muerto. La joven hembra muerde el vientre del canguro, donde la dura piel es más delgada. Luego, mete la cabeza y arranca un pedazo de hígado jugoso. Traga el bocado sin masticarlo, y su hocico busca más. Come con rapidez, por si acaso otros carroñeros, en especial demonios machos grandes, se acercaran a buscar una parte. Los machos pueden tener casi el doble de tamaño que las hembras.

La joven hembra come hasta saciarse. Antes de terminar, habrá devorado casi la mitad de su peso en carne. Cuando empieza a aclarar, con paso tambaleante se mete en un tronco hueco. Allí duerme hasta que el sol está alto. Entonces sale, se estira al sol y vuelve a dormirse. Cuando vuelve a despertar la tarde casi ha terminado.

Trota hasta un pozo de agua cercano, se mete y bebe hasta saciar su sed. Allí se queda, refrescándose. De repente, llega otro demonio hembra. Siempre competitivas, se enfrentan. La recién llegada suelta un chillido amenazador; la hembra joven le responde. Por unos minutos ninguna se mueve. Finalmente, sin dejar de chillar, la recién llegada se acerca hasta tocar el agua. Entre alaridos, ambas beben. Al final, ambos animales seguirán cada uno su camino.

La joven demonio atraviesa el bosque, escuchando y olfateando. Una vez más, los sonidos la guían hasta el alimento, un wombat muerto. Los wombats son parientes de los koalas que viven en madrigueras. Descubre que ya hay tres demonios hembra que compiten por su porción.

Gritan a medida que ella se acerca a procurarse un sitio para comer. Cuando la hembra joven mete el hocico, la que está más cerca le mordisquea un hombro; la primera chilla, pero no retrocede. Hay mucha comida, por lo tanto su competidora se hace a un lado.

Los demonios de Tasmania tienen un anillo de largos bigotes, sensibles al tacto, que rodean la cara. De esta manera, los carroñeros se separan para no tocarse. Aun así, los demonios hembra siguen mordisqueándose durante toda la comida. Todas terminan con unas cuantas heridas, además de la barriga llena.

Esa noche, la joven demonio de Tasmania se dirige a una madriguera abandonada de wombat que ya ha usado antes. Quita los viejos pastos y helechos secos que recubren la madriguera y arrastra hacia su interior otros pastos frescos. A la noche siguiente no abandona la madriguera en busca de alimento. Unas pocas semanas antes se apareó con uno de los machos grandes que comparten su territorio. Oculta en su cueva, la joven demonio de Tasmania da a luz.

Al nacer, las crías de demonio son tan pequeñas como un grano de arroz. No tienen pelo y tienen los ojos cerrados. Para continuar su desarrollo, deben arrastrarse hasta una bolsa en el vientre de su madre. Los animales cuyas crías nacen y terminan de desarrollarse en una bolsa se llaman marsupiales. La madre no ayuda a las crías a llegar a la bolsa. Únicamente las más fuertes logran completar el viaje. Los demonios hembra sólo tienen cuatro tetillas para amamantar a sus crías. Las primeras cuatro que logren prenderse a ellas son las que sobrevivirán. Crecerán rápido, y pronto comenzarán a cubrirse de pelaje.

Con las crías en su bolsa, la joven hembra sigue su rutina de salir cada noche en busca de alimento. A veces hasta logra cazar comida fresca, como esta paloma herida por un gavilán.

Durante su búsqueda, la hembra mantiene la bolsa bien cerrada contrayendo los músculos para unir los bordes. Aun cuando llega el invierno, las crías se mantienen calientes y a salvo. A veces, cuando la hembra se detiene, revisa a sus crías y lame dentro de la bolsa para lavarlas y quitar sus desechos.

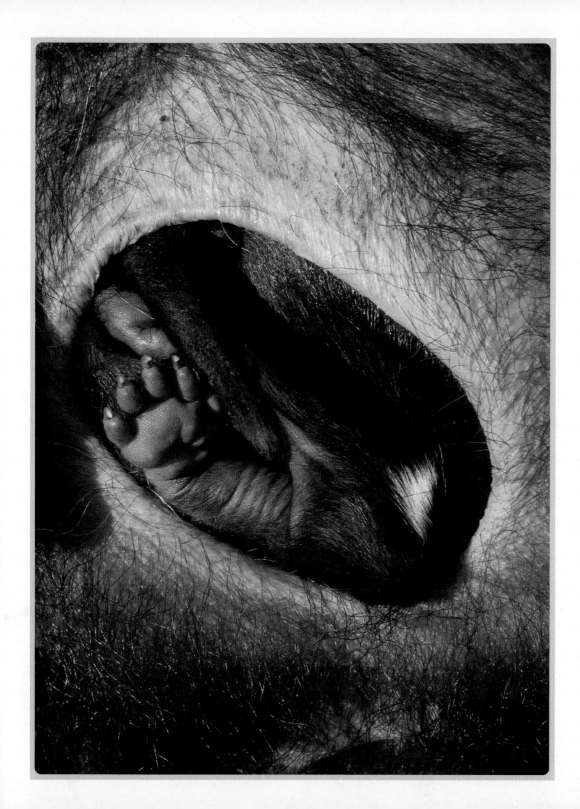

La joven hembra regresa cada día a la madriguera del wombat que ya considera suya. Allí criará a sus cachorros una vez que estén listos para dejar la bolsa. En un mes ya tienen el tamaño de una nuez; en dos meses, el de un ratón adulto. A los tres meses, son grandes como un gatito recién nacido. Entonces la bolsa comienza a resultarles pequeña.

Cerca de las quince semanas de edad, el macho y las tres pequeñas hembras abandonan por primera vez la bolsa de su madre. Ya son demasiado grandes para apretujarse todos en ese pequeño espacio. Además, la bolsa es demasiado caliente para los cachorros cubiertos de pelaje. Sin embargo, meterán la cabeza en la bolsa para mamar. Lo seguirán haciendo hasta que abandonen a su madre y se alejen a vivir por su cuenta.

Las crías ya son demasiado grandes para compartir la bolsa, así que se turnan para mamar. Pero conforme a su naturaleza de demonios, no saben compartir. Cada vez que la madre regresa a la madriguera, las crías comienzan a luchar entre sí. Algún día el macho crecerá para ser mucho más grande que sus hermanas, pero de momento todos son más o menos iguales. Como ninguno puede imponerse sólo por su tamaño, el más agresivo es quien mama primero.

Un día, mientras la hembra está fuera buscando alimento, otra hembra descubre la madriguera. Los demonios hembra son depredadores de las crías; matan y devoran a cualquier cachorro que encuentren. Al oír ruidos extraños, los cachorros se arrastran a la red de túneles cavados por detrás de su cámara de crianza. Por suerte, la joven madre vuelve justo a tiempo. Entre chillidos de furia, ataca en defensa de su familia. La intrusa escapa ante el riesgo de salir herida. Entonces la madre hace sonidos suaves para comunicar a sus cachorros que pueden salir y mamar sin peligro.

La nieve se ha derretido y es primavera en el bosque. Los jóvenes demonios ya tienen casi cinco meses, y les comienzan a brotar los dientes. Mastican todo lo que pueden agarrar, incluidos sus hermanos, su madre y los trozos de cuero y carne que ella les trae.

Los cachorros también son audaces. Cuando la madre sale en busca de alimento, a menudo se arrastran hasta la entrada de la madriguera para esperarla. Allí escudriñan la oscuridad y olfatean los interesantes olores del mundo exterior. A veces, cuando el hambre los impacienta, los jóvenes demonios llaman a su madre con chillidos.

Una noche, después de que su madre ha salido, la hembra más valiente de la camada abandona a sus pendencieros hermanos en la madriguera. Afuera, su ansia por explorar la lleva lejos de la entrada de la guarida. Posada en un árbol, una lechuza enmascarada la detecta.

Intuitivamente, la cachorrita mira hacia arriba. Al ver que la cazadora despliega sus alas, corre a la entrada de la madriguera y se zambulle al interior justo a tiempo para escapar del ataque en picado de la lechuza.

Alrededor de los seis meses de edad, los jóvenes demonios ya comen alimentos sólidos. Encuentran muchos insectos y de vez en cuando atrapan un ratón. Pero su madre les provee la mayor parte del alimento. La joven hembra sigue amamantando a sus crías, y también les lleva carne. Al mejor estilo de los demonios, los hermanos pelean y compiten por la porción más grande de cada comida.

Una noche en que su madre no está, los hermanos, como siempre, empiezan a pelearse. Sus ruidos atraen a un quoll de cola moteada. A hurtadillas, este cazador del tamaño de un gato doméstico se acerca a los jóvenes demonios. Cuando una de las hembras arrastra hacia afuera de la madriguera un trozo de carne para comer sola, el quoll la somete y la mata.

El demonio de Tasmania hembra sigue alimentando a las tres crías restantes hasta que tienen unos nueve meses. Pero una noche las deja para siempre. Se dirige hacia lugares de su territorio que no ha visitado desde el nacimiento de las crías. El macho se queda en la madriguera por dos días. A medida que el hambre aumenta, empieza a inquietarse y ataca a sus hermanas más de lo habitual. Finalmente, se va. Deja que sus sentidos lo lleven al olor de la carroña, que le significa comida. No tiene problemas para alimentarse.

Las dos hermanas permanecen en la madriguera un día más. El hambre finalmente las empuja a salir a buscar alimento. Una es atrapada y muerta por una lechuza; la otra logra escapar. Durante dos noches busca comida sin éxito. Finalmente, su olfato la guía hasta el cadáver de un canguro. Instintivamente sabe perforar el cuerpo donde la piel es más delgada. La pequeña hembra devora rápidamente todo lo que puede y tritura los huesos. Se ha convertido en el miembro más joven de la patrulla de limpieza de Tasmania.

Retrospectiva

- Observa los dientes del demonio de Tasmania de la página 8. Luego busca otras fotos donde se vean los dientes. ¿Te das cuenta por qué los demonios no pueden moler su alimento? Sus dientes tienen forma de cono. Esta forma sólo sirve para arrancar la carne y triturar los huesos. El animal traga los trozos, y su aparato digestivo termina el trabajo de descomponerlos.

- Vuelve a mirar los demonios de Tasmania en la página 16 y observa sus colas. Los demonios almacenan grasa en la cola y la usan como reserva cuando escasea el alimento. Los investigadores controlan su estado de salud por el grosor de la cola.

- Observa nuevamente la joven demonio de la página 31. Es probable que hubiera estado a salvo con sólo quedarse inmóvil. Su pelaje casi completamente negro la habría hecho parecer una sombra. Las marcas blancas podrían incluso disimular la forma del cuerpo y hacer más difícil que un depredador la detecte.

Glosario

CARROÑA: cadáver de un animal del que se alimentan los animales carroñeros

CARROÑERO: animal que se alimenta de animales muertos

DEPREDADOR: animal que caza y se alimenta de otros animales para sobrevivir

GLÁNDULAS ANALES: órganos en la parte trasera que producen sustancias químicas que el animal deposita o rocía para comunicarse

MADRIGUERA: el túnel y las cámaras subterráneas que excavan ciertos animales

PRESA: animal que un depredador caza para comer

RASTRO: olor que un animal deja detrás de sí

TERRITORIO: área donde un animal vive y busca su alimento

Información adicional

LIBROS

Arnold, Caroline. *Australian Animals*. Nueva York: Harper Trophy, 2000. Organizado según los diferentes hábitats, este libro ofrece un panorama de los asentamientos naturales donde viven los demonios de Tasmania y otros animales vecinos. También se pueden apreciar otros lugares de Australia, lo cual ayuda al lector a entender la ubicación de Tasmania en el mundo.

Darling, Kathy. *Tasmanian Devils: On Location*. Nueva York: Harper Collins, 1992. La autora ofrece observaciones personales e información adicional de la conducta y la vida de los demonios de Tasmania.

Steele, Christy. *Tasmanian Devils: Animals of the Rain Forest*. Chicago: Raintree, 2003. Este título hace una presentación del animal, sus características y su conducta.

VIDEOS

Living Eden: Tasmania: Land of Devils (PBS Home Video, 2001). Este video ofrece una descripción visualmente maravillosa de Tasmania.

National Geographic's Australia (National Geographic, 2003). Es una presentación visual de Australia y su vida silvestre.

SITIO WEB

Tasmania Parks & Wildlife Service
http://www.parks.tas.gov.au/wildlife/mammals/devil.html
En este sitio puedes escuchar los escalofriantes gritos de los demonios de Tasmania.

Índice

Con amor eterno a mi esposo, Skip Jeffery

La autora quiere expresar su agradecimiento a la Dra. Menna Jones y la Dra. Heather Hesterman, investigadoras de la Universidad de Tasmania y biólogas de la vida silvestre que trabajan en la División de Conservación de la Naturaleza del Departamento de Industrias Primarias, Agua y Medio Ambiente de Tasmania, por compartir sus conocimientos y su entusiasmo. La autora desea expresar también un agradecimiento especial a Skip Jeffery por su ayuda y apoyo durante el proceso creativo.

Agradecimiento de fotografías
Las fotografías presentes en este libro se utilizan con autorización de: © Dave Watts/naturepl.com, págs. 1, 16, 29, 31, 32, 37; © D. Parer & E. Parer-Cook/AUSCAPE, págs. 3, 11, 19, 21, 35; © Mitsuaki Iwago/Minden Pictures, pág. 5; Photodisc Royalty Free by Getty Images, págs. 7, 10; © Reg Morrison/AUSCAPE, pág. 8; © Mark Spencer/AUSCAPE, pág. 9; © Kathie Atkinson/Oxford Scientific Films, pág. 13; © Dennis Harding/AUSCAPE, pág. 15; © NHPA/Dave Watts, págs. 18, 26, 33; © John Cancalosi/AUSCAPE, pág. 20; © Dave Watts/ANTPhoto.com, págs. 23, 25; © Eric and David Hosking/CORBIS, pág. 30. Portada: Photodisc Royalty Free by Getty Images.

La edición en español fue realizada por un equipo de traductores hablantes nativos del español de translations.com, empresa mundial dedicada a la traducción.

ediciones·Lerner
Una división de Lerner Publishing Group, Inc.
241 First Avenue North
Minneapolis, MN 55401 EUA

Dirección de Internet: www.lernerbooks.com

Library of Congress Cataloging-in-Publication Data

Markle, Sandra.
  [Tasmanian devils. Spanish]
  Los demonios de Tasmania / por Sandra Markle.
    p.   cm. — (Animales carroñeros)
  Includes bibliographical references and index.
  ISBN 978—0—8225—7733—1 (lib. bdg. : alk. paper)
  1. Tasmanian devil—Juvenile literature. I. Title.
QL737.M33M2718 2008
599.2'7—dc22   2007004091

Fabricado en los Estados Unidos de América
1 2 3 4 5 6 — DP — 13 12 11 10 09 08

LEE ANIMALES DEPREDADORES, UNA SERIE JUVENIL DE NO FICCIÓN ESCRITA POR SANDRA MARKLE

Los cocodrilos

Los tiburones blancos

Los leones

Los lobos